AF360348

LETTRES

D'UN MAGISTRAT DE LA MARTINIQUE

POUR RENDRE COMPTE DE SA CONDUITE

AU

Ministre de la justice et des colonies.

OCTOBRE 1831.

LETTRES

D'UN MAGISTRAT DE LA MARTINIQUE

POUR RENDRE COMPTE DE SA CONDUITE

AU

Ministre de la marine et des colonies.

A M. LE MINISTRE SECRÉTAIRE D'ÉTAT AU DÉPARTEMENT DE LA MARINE ET DES COLONIES.

Monsieur le ministre,

Par ordre de M. le Gouverneur de la Martinique, en date 10 août dernier, il m'a été donné un passage, à titre de congé, pour venir vous rendre compte de ma conduite. Je m'empresse de vous soumettre l'exposé des faits qui ont provoqué cette décision.

Le 29 juillet, je reçus à dîner chez moi M. Boitel, secrétaire-archiviste du conseil privé, et deux hommes de couleur, habitans recommandables de la Martinique, MM. Sancé et Léonce, sans mettre

1.

de mystère à ce dîner; je n'en fis point parade. Si, intérieurement, l'éducation m'inspire le mépris des préjugés, dans le monde, elle me porte à les combattre sans bruit et sans affectation. Ma porte était fermée, parce qu'elle l'était habituellement aux heures des repas. Aussi repousserai-je, avec une égale indignation, et les récits qui donneraient à penser que j'aurais voulu céler le choix de mes convives, et les insinuations qui laisseraient croire que le but de cette réunion était de causer du scandale.

A peine étais-je à table que le bruit se répandit dans *Fort-Royal* que j'étais malade, et à toutes extrémités. Plusieurs personnes accoururent. M. le conseiller Dessalles, lui-même (procureur-général par intérim, colon), m'envoya une domestique blanche, qui ne parut rassurée sur mon compte qu'après avoir été introduite dans ma salle à manger.

De très-bonne heure le lendemain, je m'empressai d'aller témoigner à ce magistrat combien cette marque de sollicitude m'avait touché; son accueil et un serrement de mains que je n'avais pas provoqué, écartèrent de mon esprit toute idée de mystification.

Plus tard seulement, j'appris que sous le prétexte de savoir l'état de ma santé mes ennemis étaient venus s'assurer de ce qui se passait chez moi, pour le publier ensuite avec emphase, et donner l'éveil à la population blanche.

Le 31 juillet, j'étais invité à un dîner donné
par M. le secrétaire-archiviste, à MM. Frapart
père, Élie Desproges, Martial Brouc, Léonce,
Sancé, Paul Ulrich et Thomas Laroche, l'élite des
hommes de couleur de Fort-Royal. Mais une si-
nistre nouvelle (la mort de ma mère) venait de me
plonger dans le deuil, et j'allais en faire part à
M. Boitel, lorsque je connus la résolution que des
énergumènes avaient prise d'attenter à la personne de ses convives. Je n'hésitai point. Malgré
mes chagrins je voulus me réunir à eux, moins
pour affronter que pour conjurer l'orage.

Je reçus, dans l'après-midi du même jour et à
l'heure, même du dîner la visite de deux de mes
collègues, MM. Loude, conseiller-auditeur, et
Marais, substitut du procureur-général. Ce dernier m'entretint de la démarche que j'allais faire,
ajoutant que dans sa manière de voir, à ma place,
il s'abstiendrait. M. Londe fit peu de réflexions, et
finit même par m'approuver, quand je lui parlai
des menaces qu'on proférait.

Pour ne point laisser de doute à quiconque aurait essayé d'interpréter cette détermination, et
pour tranquilliser les esprits ombrageux, je crus
devoir expliquer, par quelques mots prononcés
dans le cours du dîner, la conduite que je tenais,
je m'exprimai en ces termes : « Messieurs, j'ou-
» blie un instant de profondes et récentes dou-
» leurs, pour venir au milieu de vous et avec
» vous, consacrer le principe de fusion qui doit

» être désormais le système colonial, celui-là seul
» sur lequel reposent la tranquillité des colonies
» et leur avenir tout entier. Magistrat, je dois
» apporter dans tous mes actes autant de réserve
» que de calme et de dignité : Je n'ai pas cru man-
» quer à ce devoir de ma profession, en prenant
» place à la table d'un fonctionnaire, à une table
» où mon cœur et une éducation vierge de préju-
» gés, ne me font rencontrer que des pères de fa-
» mille, des négocians respectables, tous paisibles
» et vertueux citoyens. Vive le Roi, vive la Mar-
» tinique ! »

La foule se pressait aux fenêtres. Quelques au-
dacieux avaient même passé le seuil de la porte. A
ces mots de *vive le Roi, vive la Martinique !* des
sifflets et des huées se firent entendre ; il fallut l'intervention de la force armée pour écarter les at-
troupemens qui ne se dissipèrent qu'à minuit.
C'est ainsi qu'en violant le domaine de la vie pri-
vée, les colons donnèrent à ce banquet une publicité qu'il ne devait pas avoir, et dont ils se plaignent tant aujourd'hui.

Dans la soirée, des placards insultans, presque
tous sortis de la même plume, furent apposés dans
les divers quartiers de la ville. Je fus affiché à la porte
du tribunal. M. Boitel le fut à la potence. La police ne prit aucune mesure pour arrêter ces coupables manœuvres ; elles jouirent de la même im-
punité les jours suivans.

Le 1er août, de très-grand matin, je reçus de

M. le procureur-général une invitation de me rendre à son parquet. La douleur, et la violence que je m'étais faite la veille pour la surmonter, ayant fortement altéré ma santé, j'informai ce magistrat que je gardais la chambre et même le lit. M. Dessalles me fit alors savoir verbalement qu'il désirait apprendre de moi si, les 29 et 31 juillet, j'avais *diné* avec des hommes de couleur, ajoutant qu'il suffirait de lui *écrire* purement et simplement ce qu'il en était. Je ne pouvais croire qu'une pareille demande fût officielle. Le 2 j'écrivis : « Monsieur le » procureur-général, ne pouvant bien saisir l'objet » des communications verbales qui m'ont été faites » de votre part, je vous prie de vouloir bien me » transmettre par écrit les points principaux sur » lesquels vous désirez des éclaircissemens ; dans » ce cas une réponse prompte et catégorique sera » pour moi un devoir. » Cette lettre est restée sans réponse. M. le conseiller Dessalles espérait sans doute, en m'invitant à faire la relation de ce qui s'était passé, se procurer un titre à l'appui de l'accusation dont plus tard il devait être l'organe. Je n'ai jamais craint de rendre compte de mes actes , surtout à un chef; mais il me paraissait si étrange d'entretenir, par correspondance, le procureur-général du détail de mes dîners, que je résolus de n'en rien faire jusqu'à nouvel ordre. On n'aurait point manqué de prendre ma lettre pour une apologie, et je ne voulais braver l'opinion de personne.

Le 8, M. le gouverneur me fit appeler à son hôtel; son intention était de m'engager à prendre un *congé*. Dans son opinion, je ne pouvais plus exercer de fonctions à la Martinique, parce qu'il n'y avait plus pour moi ni repos ni sûreté. *Les habitans de la colonie devaient se soulever*, si je ne quittais mon poste. « Je rougirais, lui dis-je, de fuir devant une agression aussi injuste ; je ne suis point coupable, je compte sur l'appui de l'autorité….. »

Le lendemain 9, M. le procureur-général désira me voir à son tour. Ses premiers mots furent aussi l'offre d'un congé ; je lui déclarai que n'ayant rien à craindre, rien à me reprocher, je ne partirais que forcé et contraint. « Eh bien, me dit-il, vous serez traduit au conseil-privé, qui décidera. Je vous signifierai aujourd'hui mes griefs, veuillez vous préparer à comparaître demain. » A midi, le rapport me fut adressé par M. le gouverneur, avec nouvelle invitation de me rendre volontairement en France. *Il en était encore temps.* La lettre suivante fut ma réponse. « Monsieur le gouverneur, j'ai » reçu en communication le rapport que doit faire » aujourd'hui, 9 août 1831, en conseil-privé, » M. le conseiller Dessalles, procureur-général du » roi, par intérim, rapport dans lequel ce magis- » trat vous propose ma suspension provisoire. »

« Ma résolution est prise, monsieur le gouver- » neur, je me soumettrai au jugement que vous » daignerez porter en cette affaire, et je présen- » terai demain devant le conseil privé, à l'heure

» qu'il vous plaira m'indiquer , mes moyens de
» défense. Toutefois , il m'est bien pénible de
» penser que l'anniversaire de l'avénement au
» trône de Louis-Philippe Ier soit précisément le
» jour où l'on m'accuse du crime d'avoir dîné avec
» des hommes que les ministres du roi ont con-
» viés à leur table.

» C'est en vertu de l'article 79 de l'ordonnance
» du 9 février 1827 , que je suis traduit devant le
» conseil privé. L'article 81 vous donnant l'initia-
» tive des mesures à prendre contre moi , je me
» présenterai devant mes juges, fort de la loi et
» plein de confiance dans votre sagesse.

» Dans l'intérêt de ma défense , qu'il me soit
» permis de vous rappeler aussi , monsieur le
» gouverneur , les dispositions de l'art. 144, de
» l'ordonnance du 24 septembre 1828, concer-
» nant l'ordre judiciaire , cet article me place
» sous la surveillance de monsieur le juge royal,
» président du tribunal de première instance, je
» réclame de votre justice, qu'à ce titre et avant
» tous autres actes de poursuite devant le conseil,
» ce magistrat soit consulté. »

Mon but en écrivant ces lignes était d'attirer
l'attention de M. le contre-amiral Dupotet, sur
l'illégalité du rapport de M. le procureur-général
qui concluait contre moi à la suspension provisoire , tandis qu'aux termes de l'ordonnance de
1827, l'initiative d'une mesure aussi sévère n'ap-

partenait qu'au gouverneur qui en était *person-nellement* responsable.

Dans la soirée du même jour j'appris de M. le juge royal, qu'il avait écrit dans le même sens à M. le gouverneur; que ses représentations avaient été inutiles et que sa démission venait d'être acceptée.

Ici, monsieur le Ministre, je dois vous dire combien a été spontanée la résolution de cet honorable magistrat, et combien elle était géné-reuse. Mes relations avec M. le président du tribunal étaient rares ; arrivé depuis fort peu de temps à la Martinique, il n'avait encore pu me connaître assez particulièrement pour m'ho-norer de son intérêt. La conduite qu'il a tenue, dans cette circonstance, est donc le résultat d'une profonde conviction, l'œuvre d'une courageuse indépendance. Et certes, monsieur le Ministre, il y avait courage à élever la voix en ma faveur; car l'action de l'autorité était devenue si faible, que ceux-là même qui m'approuvaient ne pou-vaient le dire hautement sans danger.

M. Boyer, il est vrai, a retiré depuis sa dé-mission; mais, cette fois encore, il a cru satisfaire aux exigences du devoir. Les intérêts de la justice réclamaient sa présence à la Martinique ; les rangs de la magistrature métropolitaine s'éclaircissaient de jour en jour ; le départ récent de M. le pro-cureur - génétal Nogues, celui de M. Selles, lieutenant du juge, le congé promis à M. Marais,

substitut du procureur-général, mon renvoi en France, avaient annihilé l'influence si bienfaisante qu'elle exerce, dans cette colonie, sur les décisions judiciaires. D'autres motifs décidèrent encore M. Boyer à ne point abandonner son siége. La lettre suivante, écrite par lui, au moment où il venait de prendre ce parti, en est la preuve. « Mon cher collègue, je viens de voir M· le gou-
» verneur, ma démission est retirée. Vous serez
» (il le croit indispensable au maintien de la
» tranquillité publique) envoyé en France, mais
» en congé, avec votre entier traitement, sans
» blâme et même recommandé. On ne veut qu'é-
» loigner des prétextes de trouble, des duels,
» des désordres, etc., etc. La décision ainsi
» dépouillée de tout caractère politique, et ré-
» duite à une simple mesure de prudence dans
» votre intérêt, quoique contre votre vœu, mes
» objections tombent; ce ne sont pas les conclu-
» sions ni les motifs du rapport que l'on adopte.»

Dans l'intérêt des justiciables, on doit se féliciter du changement de résolution de M. Boyer ; mais que sa position, toute honorable qu'elle est, inspire d'inquiétudes à ses collègues, si le gouvernement de la Martinique ne lui prête son appui dans les circonstances présentes !

A peine ce magistrat eut-il repris ses fonctions, que la faction ennemie des métropolitains s'agita contre lui avec une nouvelle audace. Le barreau presque tout entier déserta les audience. On disait hautement dans les études, dans les greffes qu'on lui *cracherait* à la figure, et les outrages prirent à son égard un caractère de perfidie et de raffinement qui surpassa toutes les persécutions dont j'étais l'objet:

Le 10, sur l'invitation qui m'en avait été faite, je comparus devant le conseil privé. Je m'y présentai, en robe, à une heure. M. le gouverneur crut devoir m'engager de nouveau à me rendre volontairement en France, et me déclara d'avance que je ne pouvais compter sur un acquittement, les résolutions du conseil étant bien prises. Et de suite M. le procureur-général, par intérim, développa, comme suit, ses griefs :

« Monsieur le gouverneur, les magistrats ne s'appartiennent pas à eux seuls, ils se doivent à leurs justiciables et au corps honorable dont ils font partie. Le procureur général, comme chef de la justice, doit veiller à ce que la conduite de chacun des membres de ce corps soit en harmonie *avec son caractère ;* il doit user d'indulgence pour ces fautes peu graves, qui ne sont que l'effet de l'irréflexion et de la légèreté ; mais si elles sont le résultat d'un plan arrêté, d'un mûr examen, si elles compromettent non-seulement la dignité de la magistrature, mais l'intérêt des justiciables, et tendent à jeter du désordre dans la société, il est alors de son devoir de dénoncer sa conduite au gouvernement et de proposer contre lui des mesures de rigueur. Telle est la tâche que nous avons à remplir aujourd'hui. Cette tâche nous afflige plus que nous ne saurions le dire ; nous aurions voulu nous en dispenser, mais nous n'avons pas cru pouvoir garder le silence sur un fait dont le but coupable et le scandale retentissent dans toute la colonie et *remuent toutes les passions.*

» Vendredi, 29 juillet dernier, M. Duquesne, récemment promu aux fonctions de lieutenant de juge, a donné à dîner chez lui à *des hommes de couleur !* Deux jours après, il a assisté comme convive à un banquet offert à cette même classe d'hommes, avec lesquels il n'a cessé de frayer depuis cette époque !....

» Dans l'état actuel des esprits, dans un pays où bien que l'égalité légale soit établie en principe, les mœurs n'ont point encore été modifiées par ce principe, où des distinctions politiques subsistent encore dans les deux classes de la population libre, et où *les passions sont en fermentation*, un pareil acte de la part d'un magistrat peut avoir des suites funestes.

» M. Duquesne n'ignorait pas les conséquences de sa conduite ; car le premier dîner qu'il donna, il prit toutes sortes de précautions pour que le public n'en fût pas instruit. Si plus tard il donna une si grande publicité à ses actes, c'est parce qu'il sut qu'on en murmurait hautement, c'est pour braver cette désapprobation qu'il se rendit au banquet de M. Boitel. Lorsque des personnes qui s'intéressaient à lui connurent son projet, des avertissemens lui furent donnés, même parmi ses collègues ; il y en eut qui l'engagèrent à profiter de la circonstance douloureuse où venait de le plonger la nouvelle de mort de sa mère qu'il avait apprise le matin, pour s'abstenir d'y aller. On le prévint qu'il soulèverait contre lui les habitans de la colonie, qu'il occasionerait du scandale et serait peut-être la cause de graves désordres. Il méprisa ces avertissemens, dédaigna les conseils de ses collègues, foula aux pieds l'opinion publique et brava *les outrages qu'une population mécontente lui préparait.*

» L'exagération que l'on mit dans la publicité que l'on donna à ce banquet nécessita l'intervention de la police.

» Cette conduite, monsieur le gouverneur, n'implique-t-elle pas, de la part du magistrat qui l'a tenue, un oubli complet de toutes les convenances de son état ? Ne tend-elle pas à *soulever des passions* que la sagesse de votre administration s'attache chaque jour à calmer ? Ne compromet-elle pas la dignité et la considération sans lesquelles la magistrature ne saurait exercer cette influence si nécessaire au bien public ?

» M. Duquesne, comme lieutenant de juge, peut être appelé à remplacer le juge royal. Ces importantes et honorables fonctions ne peuvent être confiées qu'au magistrat qui a su s'environner du respect et de la confiance des justiciables. Celui au contraire qui, bravant l'opinion publique *a mis*

(15)

en jeu les passions en se montrant ostensiblement
l'instrument d'un parti, qui a compromis la tranquillité et pouvait attirer des malheurs irrépara-
bles, n'enlève-t-il pas à la société la plus impor-
tante garantie? Quel gouvernement approuverait
une conduite qui blesse d'une manière aussi forte
des principes aussi sacrés?

» Lorsqu'un fonctionnaire a compromis son caractère au point de ne pouvoir plus remplir ses
fonctions, l'art. 79 de l'ordonnance du 9 février
1827 vous confère, monsieur le gouverneur, le
droit de le suspendre; à moins qu'il n'aime mieux
aller en France rendre compte de sa conduite.

» Si, dans les temps ordinaires, les écarts d'un
fonctionnaire nécessitent des mesures rigoureuses,
combien ne doivent-ils pas exciter la sollicitude
du gouvernement lorsqu'ils ont un caractère politique et qu'ils sont commis dans un moment où
toutes les passions sont en mouvement?

» Par ces motifs, j'ai l'honneur de vous proposer, monsieur le gouverneur, d'offrir à M. Duquesne d'aller rendre compte de sa conduite au
ministre de la marine, et s'il s'y refusait, de le
suspendre provisoirement de ses fonctions. »

L'exagération qui règne dans ce rapport, la
certitude que j'avais acquise qu'il avait été rédigé
par des hommes passionnés, me déterminèrent à ne
pas le réfuter, et je laissai à l'opinion publique le
soin de juger une argumentation, dont la fameuse
remontrance du 9 mai 1765 au conseil souverain

de la Martinique est l'unique et parfait modèle.
Ma défense devant le conseil privé est conçue en
ces termes :

« Messieurs, je suis accusé d'avoir *diné avec
des hommes de couleur*. Telle est en effet mon
crime ; il est tellement avéré, la préméditation
qui l'accompagne est si patente, que je n'entre-
prendrai point à cet égard une justification qui
serait d'autant plus faible, qu'elle serait peu
franche et peu sentie.

» Oui, messieurs, j'ai dîné deux fois en trois
jours avec de bons citoyens. Ma faute est d'avoir
rencontré chez eux des qualités qui les rendent
recommandables, et de n'avoir point, avant de
leur accorder mon estime, consulté la couleur de
leur peau.

» Je ne viens point faire devant vous un pareil
aveu pour contrarier des opinions reçues, pour
braver votre indignation ; ce rôle conviendrait peu
à un magistrat. Mais, ami de la franchise, zélé
défenseur de la vérité, je veux éclairer vos délibé-
rations, en faisant paraître toute ma pensée au
grand jour. Celui-là seul conspire, dans les con-
jonctures où nous nous trouvons, qui dissimule
et qui agit dans l'ombre.

« En admettant dans ma société des hommes de
couleur, je n'ai point prétendu donner le spectacle d'une innovation, ni borner l'existence de
cette fusion politique à la durée d'un jour. Depuis lors, en effet, je hante ceux qui se sont assis

à ma table. Des visites m'ont été faites, je les ai rendues; j'ai voulu qu'à l'avenir, à toute heure, en dépit des regards indiscrets, ma porte fût ouverte, non-seulement à des amis, mais encore aux malheureux, aux opprimés, sans complaisance pour les priviléges, sans ménagemens pour les préjugés de la peau. Mon but, en un mot, était d'être désormais maître de mon estime et de ma pitié. Si votre impartialité, que je n'oserais révoquer en doute, me rendait à mes fonctions, ma plus douce satisfaction, mon plus pressant devoir, seraient, en continuant de rendre une égale justice à chacun selon son droit, de répondre par une franche cordialité à la confiance que m'accordent mes nouveaux et nombreux amis !

» Les persécutions que j'avais prévues sont venues m'atteindre ; mon nom a été dans la bouche de ceux que je me flatte et me félicite de n'avoir jamais fréquentés. Ma conduite a été chansonnée par de chétifs commis, par de vils employés, par des gardiens d'études et d'administrations que jusqu'ici j'avais forcés au respect. Le ridicule, la calomnie, ont levé sur moi leurs armes les plus perfides ; mais ma réputation a-t-elle pu être atteinte par des attaques venues de si bas ? Je me suis, dites-vous, déconsidéré aux yeux d'une partie de la population..... Pouvais-je arrêter la main du traître qui choisissait de préférence la nuit pour placarder dans les carrefours les plus lâches insinuations?... *Le magistrat ne s'appartient pas à lui seul*, c'est une vérité, mais son honneur, mais ses services appartiennent-ils à ces gens qu'on appellerait en France la *canaille*, et que par corruption on nomme ici *petits-blancs?*

» Le principal grief articulé contre moi est d'avoir dîné avce des hommes qui n'ont point encore dîné avec vous, messieurs... Quelle est la loi, quel est le réglement qui imposent au magistrat l'obligation de ne donner à dîner qu'à des convives brévetés et agréés du gouvernement? Il existe aux colonies un code noir; son poids de fer pèse sur une population tout entière, mais jusqu'ici le magistrat ni personne à la Martinique ne s'était trouvé dans la dure nécessité d'ouvrir, avant de se mettre à table, les prescriptions et inhibitions du Saint-Office.

Une compagnie fameuse dans les fastes judiciaires (la Cour royale de la Martinique) a réglé, je le sais, l'étiquette de ses dîners; j'ai toujours pensé que les intérêts sacrés de la justice n'exigeaient pas plus que le magistrat introduisît dans ses repas la sévérité des *exigences* et des *distinctions* qu'ils ne lui prescrivaient de mettre sa robe pour dîner...

» Vous m'avez appelé, messieurs, à comparaître devant vous; sans doute toutes les charges de l'accusation ne m'ont pas été communiquées, car dans les idées actuelles, aux yeux du droit et de la morale, le fait unique *d'avoir dîné avec des hommes d'un autre sang que le mien* ne présente aucune apparence de culpabilité ; en faire la matière d'un procès, c'est porter atteinte à l'indépendance du magistrat qui n'a pas cru dans sa conscience, devoir user à mon égard *du droit d'avertissement* que la loi, pour le fait dont il s'agit, ne confère qu'à lui seul.

» Que dis-je, messieurs ! le président du tribunal de Fort-Royal, le voudriez-vous, ne doit plus être mon juge ! En donnant sa démission il vient d'accomplir un pénible mais glorieux devoir, Honneur et regrets au magistrat qui a sacrifié son repos et son avenir plutôt que d'abandonner la cause du droit et de la raison !

» Quoi qu'il en soit, et dans la triste nécessité où je me trouve, je ne décline pas votre compétence. Le représentant du roi qui préside cette assemblée, sa justice, sa sagesse, m'offrent encore plus de garanties que les dispositions de l'ordonnance qui le rend personnellement responsable nonobstant votre participation (1).

» Je ne prétends point, messieurs, vous alarmer. Cependant je ne puis m'empêcher de vous dire tout ce que les circonstances que vous avez

---

(1) Art. 81. de l'ordonnance du 9 février 1827.

fait naître me suggèrent de fâcheux et de sinistr !
Un dînr donné à des hommes de coleur a pu
soulever les différentes classes de la population ,...
il a *remué les passions ,...* Quelle pénible impres-
sion ne doit point cause l'arêt qui posera en
principe la tyrannie des blancs et l'abjection des
mulâtres ?

» Un jour le sénat romain se réunit pour déli-
bérer... sur la sauce d'un turbot. Ce fait, consigné
dans l'histoire, a rencontré des incrédules. De nos
jours, pourra-t-on croire que le 9 août, anniversaire de l'avénement de Louis-Philippe Ier, un
procès fut intenté à la Martinique, sur la ques-
tion de savoir comment et avec quelles figures
d'hommes un magistrat aurait dîné le 29 juillet 1831 ?...

» Eh bien ! messieurs, le troisième jour anniver
saire des glorieuses journées, vous le savez actuelle-
ment, j'ai dîné avec des hommes que les Français
amis de la liberté, infatigables défenseurs de l'humanité, saluent du nom de citoyens et de frères !
Le 31 juillet, un toast, auquel ils ont répondu
par acclamation, a été porté par moi au roi et à
la Martinique !

» Il y eut cent soixante chefs d'accusation dans le
procès de Lally. « Les cris du public, dit Voltaire, en
» augmentaient encore le nombre et le poids. Ce
» procès devint très-sérieux, malgré son extrême
» ridicule. » Je ne puis, en vérité, m'empêcher
de reconnaître dans cette cause une nuance qui

ᵉe rapporte parfaitement aux faits qui me sont reprochés : des créoles accusaient Lally d'*avoir fait chanter un capucin dans la rue:* moi, on m'accuse d'avoir... dîné le 29 juillet et d'avoir récidivé le 31 !.... Mais il fut encore accusé d'avoir vendu la colonie aux Anglais; c'est ce qui servit de prétexte à sa condamnation. Non, messieurs, je n'ai point fait de pacte avec des ennemis; j'ai confondu mes vœux pour la prospérité de la Martinique, dans les sentimens d'*union*, d'*ordre* et d'*humanité* qui animent vingt mille citoyens de plus. C'est ce qui fortifie mon courage, c'est ce qui assure le succès de ma défense.

» Habitans de la Martinique, qui allez prononcer sur le mérite de mes intentions, vous serez exempts de l'injustice des préjugés. J'ai voulu le bien de la colonie, j'ai entrevu son bonheur dans la consécration d'un principe, que l'ignorance et la barbarie ont trop long-temps repoussé. Vous me maintiendrez, vous me protégerez dans mes fonctions; celui de vous qui me condamnerait consommerait un suicide! »

Le 11 août, M. le procureur-général me notifia la décision prise la veille à mon égard : « Nous, gouverneur de la Martinique, après avoir « pris l'avis du conseil privé, conformément à » l'article 79 de l'ordonnance du 9 février 1827, » avons décidé et décidons ce qu'il suit : M. Du-

» quesne, lieutenant-de-juge au tribunal de pre-
» mière instance, de Fort-Royal, se rendra en
» France aux frais de l'état, sur la corvette de
» charge *l'Allier*, qui partira le 16 de ce mois,
» pour aller rendre compte de sa conduite, à S. E. le
» ministre de la marine, qui statuera, toutes cho-
» ses restant en état, et le sieur Duquesne, con-
» servant son titre et ses appointemens. »

Le 12, j'accusai réception de cette pièce par la
lettre suivante : « Monsieur le procureur-général,
» Il me semble que le conseil privé, aux termes
» de l'article 79 de l'ordonnance du 9 février 1827,
» était appelé à prononcer purement et simple-
» ment, s'il y avait lieu ou non à la suspension
» provisoire.

» Je protesterais, si mon premier devoir n'était
» de me soumettre aux ordres de M. le gouverneur.
» Je vais l'accomplir avec autant d'empressement
» que de regrets, je le répèic, monsieur le pro-
» cureur général, j'aimais la Martinique!... Puisse
» mon départ n'être point le dernier service que
» j'aurais à rendre à ceux qui m'ont injustement
» persécuté. »

Le 13, une nouvelle décision, prise dans la séan-
ce du conseil de ce jour, me fut signifiée ; en voici
le contenu : « Nous, gouverneur de la Martinique,
» vu l'article 134 de l'ordonnance du 24 septem-
» bre 1828 ; vu la délibération du conseil privé du
» 10 août 1831, qui ordonne que M. Duquesne,

» lieutenant de juge au Fort-Royal, passera en
» France pour aller rendre compte de sa conduite
» au ministre de la marine; considérant que pour
» donner à cette délibération un effet conforme
» aux intentions du conseil, il convient que M. Du-
» quesne cesse immédiatement ses fonctions.

» Sur la proposition du procureur général du
» roi, avons arrêté et arrêtons ce qui suit. M. Du-
» quesne, cessera immédiatement ses fonctions
» de lieutenant de juge au Fort-Royal. »

L'empressement qu'on avait mis à me faire
remplacer laissa voir clairement que les mesures
prises à mon égard n'étaient point toutes dans
mon intérêt. Cet acte du conseil privé démen-
tait en outre les assurances données à M. le
juge royal ; je conservais, il est vrai, l'inté-
gralité de mon traitement; mait l'argent à mes
yeux, ne répare pas une injustice. Mes fonctions
auraient cessé naturéllement le jour de l'embar-
quement, m'en dépouiller auparavant, c'était me
frapper de réprobation, c'était me livrer sans
défense aux intrigues:

Le rapport au gouverneur avait signalé un
grand danger : *toutes les passions étaient en mouvement..... J'avais soulevé contre moi tous les habitans de la colonie.....* Pour justifier ces assertions,
la police reçut l'ordre de pourvoir à ma sûreté;

mais il fut exécuté de telle sorte que la surveillance des agens s'exerça sur moi seul.

Après diverses réclamations, l'autorité se décida à faire poursuivre les auteurs des placards dégoutans où M. le secretaire-archiviste et la classe de couleur était indignement et publiquement outragés, depuis douze jours. On s'attendait à voir les coupables livrés à la justice; le réquisitoire du procureur du roi parut enfin.... Il était lancé contre *inconnus*.

L'arrestation de quelques-uns eut rétabli le calme et le bon ordre, mais telle n'était point le vœu de ceux qui trompaient, qui égaraient l'autorité. On voulait lui faire voir une conspiration. Un grand désordre pouvait seul favoriser des projets criminels....

Les plus effervescens étaient quelques petits habitans des mornes, des clercs d'avoué, des employés de la direction de l'intérieur, des pacotilleurs, des commis négocians, tous individus sans consistance, agissant, les uns pour satisfaire leur haine contre les Européens, les autres pour complaire aux notabilités qui les excitaient.

Sur la promenade publique, la basse classe blanche provoquait les hommes de couleur par des chants injurieux. On a vu des individus armés de bâtons, s'adresser à la police, pour être mis sur la trace de M. le secrétaire archiviste,

qu'ils voulaient, disait-ils, *faire sauter.* La gen
darmerie était sur pied , les postes de la ligne
avaient été doublés ; mais cet appareil militaire,
loin de rassurer les esprits , y semait la défiance.
Les hommes clairvoyans, *s'étonnaient qu'on dépor-
tât un jnge. d'instruction sous prétexte que sa
présence pouvait étre une cause de rixes et de troubles ;* tandis que les pertubateurs s'agitaient im-
punément sous les yeux même de la force armée.
On ne gémissait pas moins de voir exclu du conseil privé , M. Boitel , que votre prédécesseur,
monsieur le Ministre , avait maintenu à son poste,
malgré les intrigues ourdies pour l'en éloigner.
Cette mesure affligeait d'autant plus que l'emploi
de sécrétaire-archiviste tombait aux mains d'un
homme qui avait préparé depuis long-temps cette
odieuse spoliation.

Je ne doute pas, monsieur le Ministre , qu'on
emploie tous les moyens pour empêcher la vérité
de parvenir jusqu'à vous ; mais le mensonge et
l'intrigue ont cessé d'être en crédit. Vous me re-
leverez de l'accusation portée contre moi. Le
. conseil privé de la Martinique a refusé de prononcer , lors même que , fort de ma conscience,
je demandais un jugement définitif. Je ne me
plaindrai pas ici de ce déni de justice. Retiré
arbitrairement d'un poste auquel je tenais , parce
qu'il n'était pas sans dangers ; entraîné à des
dépenses excessives par la précipitation d'un

départ que je n'avais point sollicité, je me sou-
met et me résigne, pénétré, comme je le suis, de
cette consolante vérité, que l'iniquité et l'injure
justifient tôt ou tard celui qu'elles poursuivent.

Je suis etc., etc.

3 octobre 1831.

MONSIEUR LE MINISTRE,

Je vous ai rendu compte de ma conduite ; je crois devoir aujourd'hui vous soumettre quelques considérations qui expliquent à mon avis les mesures prises à mon égard par le gouvernement de la Martinique.

Le 10 juillet, des troubles sérieux avaient eu lieu au bourg du Lamentin, par suite desquels j'avais procédé à une information. Le lieutenant-commissaire de la commune s'était plaint d'avoir été outragé publiquement, dans l'exercice de ses fonctions, par un homme de couleur. Celui-ci, dans une contre-plainte, accusait ce fonctionnaire de l'avoir arrêté et détenu arbitrairement. L'instruction faite par moi sur les lieux établit d'une manière irrécusable cette dernière assertion. Je ne décernai point le mandat de dépôt. Des hommes passionnés, crièrent au scandale !

La vérité est, monsieur le Ministre, puisqu'on me force à le dire, que le vrai coupable était le fonctionnaire qui, devant une multitude assemblée, n'avait point craint d'affecter un profond mépris pour le gouvernement né de la révolution de juillet, ajoutant par là à l'indignation qu'avait causée un acte cruellement arbitraite.

Je le dis avec conviction : un dîner dans lequel on porte un toast au roi et à la prospérité de son pays n'a, dans aucun temps, *remué les passions.* L'amour du prince et de la patrie les calme toutes au contraire; mais celui-là les soulève qui, revêtu d'un caractère public s'écrie : « Mulâtres, pro- » fitéz du moment ! le gouvernement de Louis- » Philippe est un pont qui s'écroulera bientôt » sous vos pas !

Ces propos ont été tenus devant trois cents personnes, par un officier de police judiciaire, spécialement chargé de maintenir le bon ordre. Mais il est colon, il est influent; on s'est bien gardé de l'appeler à Port-Royal pour lui demander *compte de sa conduite.*

On vous trompe, monsieur le Ministre, si l'on s'efforce de vous faire croire que certains métropolitains veulent bouleverser les colonies. Quelques colons seuls tendent à ce but ; ils provoquent, ils excitent à chaque instant la classe de couleur qu'ils disent si vindicative, si turbulente.

Depuis un an toutes les instructions que j'ai faites en fournissent la preuve.

Tantôt c'est un corps-de-garde composé d'hommes de couleur qui est assailli à coups de pierres, et auquel un commissaire de police refuse de prêter assistance, *parce que ce ne sont que des mulâ-tres*.

Tantôt une patrouille de ces mêmes hommes tombe dans un guet-à-pens que lui ont tendu les petits-blancs.

Un homme de couleur au Vauclin est assassiné par des blancs avec les circonstances de la plus affreuse préméditation ; on accuse les parens, les amis de la victime de désirer sa mort pour aggraverlapositi o n des coupables.

Pourquoi dois-je ajouter que ces attentats, malgré l'agglomération des charges et la multiplicité des preuves, sont restés impunis ?

Mon imagination se refuse à vous retracer les punitions dont plusieurs planteurs usent envers leurs esclaves. Un léger vol est quelquefois le prétexte dont ils se servent pour priver tout un atelier de la nourriture de plusieurs jours. Si les nègres se plaignent à l'autorité, hommes, femmes, enfans, reçoivent indistinctement vingt-neuf coups de fouet, peu importe qu'un châtiment récent, ait mis leurs chairs en lambeaux ; il faut que la vengeance du maître poursuive son cours. Une négligence, une étourderie, j'en tiens un exemple, a été punie de mort, et d'une mort causée par un supplice inoui!...

Voilà, monsieur le ministre, dans un temps où le mot d'humanité est dans la bouche de tous, et dans le cœur d'un si petit nombre, les abominations qui *soulèvent* la population des esclaves, et la population de couleur libre. Le désir de la liberté n'est pas si ardent chez les nègres qu'on affecte de le dire : c'est la réforme d'un régime barbare qu'ils demandent avant tout.

Certes, monsieur le Ministre, si la Cour royale de la Martinique n'avait pas laissé impunies des atrocités ineffables, dans la crainte *qu'elles fissent du bruit en France*; si son indulgence n'avait été, pour les maîtres inhumains, une prime d'encouragement, l'esprit des esclaves serait meilleur aujourd'hui.

Lorsque la révolution de 1830 fut connue aux colonies, lorsque les idées philantropiques qu'elle propage s'y répandirent, on s'attendait (certains colons même le désiraient) à voir cette compagnie modifier son système ; le nouvel ordre de choses l'exigeait. Loin de là, elle a persévéré dans ses funestes erremens, elle les a même outrepassés : qu'on juge des résultats, et qu'on s'étonne encore du mécontentement des nègres !

Si j'étais consulté, je n'hésiterais pas à déclarer que s'il a existé et que s'il existe de la fermentation parmi les esclaves, elle provient de l'état d'abjection et de dénuement dans lequel ils sont plongés, et non pas d'un désir excessif de la liberté.

Quant aux hommes de couleur, c'est les calomnier que de leur supposer des idées de désordre. La métropole leur a tout promis, ils attendent l'accomplissement de ses promesses. Bientôt, si elles sont fidèlement tenues, ils n'auront plus qu'à former des vœux pour le retour du crédit et de la confiance dans les affaires commerciales auxquelles ils se sont généralement adonnés. Mais par cela seul qu'ils sont intéressés au maintien de l'ordre, ils se plaignent que la justice ne soit pas la même pour tous ; ils gémissent, ils s'irritent même de voir ceux des magistrats qui aient osé proclamer l'égalité devant la loi, et contenir de folles prétentions, sifflés en public, conspués, forcés enfin de se retirer devant une cabale, parce que l'autorité locale n'est pas assez forte pour les soutenir.

Tant d'abus, tant d'injustices, je le confesse, me révoltent. C'est parce que je n'ai pas craint de le dire aux colons eux-mêmes, qu'ils me renvoient rendre compte de ma conduite. La franchise leur est insupportable. N'en doutez point, monsieur le Ministre, *l'affaire des dîners* n'est qu'un prétexte, ce n'est point à cela seul que se réduisent les griefs de M. le procureur-général Dessalles.

Déjà, en février, par suite des dégoûts dont on m'abreuvait dans l'exercice de mes fonctions, j'avais donné ma démission. Ma résolution fut ébranlée par l'intérêt que me témoigna, en cette circonstance, M. le contre-amiral Dupotet ; mais je ne tardai pas à m'apercevoir que j'avais bien jugé de ma position et de celle de mes collègues.
A l'audience même de la Cour royale, des té-

moins appelés dans une affaire grave que j'avais instruite] se permirent, envers le procureur du roi et envers moi, les termes les plus inconvenans, sans que le président (colon) ait pris la peine d'obtempérer aux avertissemens du ministère public. L'acquittement des jeunes gens prévenus d'avoir assailli M. le juge d'instruction de Saint-Pierre, à la sortie du spectacle, acheva de me prouver que le parti était bien pris par Messieurs de rebuter la magistrature européenne.

A voir les révolutions qui s'opèrent tous les jours rangs, à récapituler les embarras que nous vous donnons sans cesse, on serait tenté de croire, monsieur le Ministre, que le tropique influe sur les cerveaux de plusieurs d'entre nous, ainsi que le disent hautement les colons. Ce serait non-seulement une erreur, mais une injustice de le penser; car il y a aux colonies des magistrats d'un grand mérite, dont le zèle et le talent rivaliseraient avantageusement avec le corps judiciaire de la métropole (1). La Martinique renvoie ses magistrats lorsqu'ils ne lui conviennent pas; elle demande leur changement de résidence, leur révocation; quand elle n'y parvient pas, elle les persécute..... Peut-être alors la tête de quelques-uns a pu manquer, mais à qui la faute, à qui

____

(1) Les colons sollicitent une réduction dans le traitement des magistrats. Leur but est d'éloigner les métropolitains; le gouvernement le comprendr sans doute.

doivent s'adresser des reproches amers, mais bien mérités ?

Il faut l'avouer, monsieur le Ministre, vos prédécesseurs auraient été bien malheureux dans leurs choix, si tous ceux que les colons vous ont signalés comme dangereux, comme incapables, l'étaient réellement. Pour satisfaire leur exigence, il faudrait, en vérité, créer des magistrats selon leur bon plaisir et à leur fantaisie !.... Dieu sait s'ils auraient alors des magistrats !.... Mais non, le temps viendra où les colons devront respecter le gouvernement de la métropole et exécuter les lois ; accepter en un mot, sans arrière-pensée, toutes les conséquences du système légal.

J'ose espérer, monsieur le Ministre, que vous daignerez accorder quelqu'attention au tableau que je viens de vous tracer. J'aurais pu l'entourer de couleurs plus sombres, mais un sentiment de modération m'arrête. Il me suffira de vous avoir prouvé qu'au lieu de conspirer contre la tranquillité de la colonie, comme on m'en accuse, j'avais à cœur, en recherchant les causes du mal qui la ruine chaque jour, de lui ménager des temps plus heureux.

Je suis ,etc., etc.

MONSIEUR LE MINISTRE,

Je me souviens qu'il y a dix-huit mois, allant prendre, avant de partir pour la Martinique, les instructions de M. le directeur des colonies, ce fonctionnaire me dit : La loi, monsieur, les ordonnance, voilà vos instructions ! Une réponse aussi franche, aussi loyale, traçait la route que j'avais désormais à suivre.... Tous mes actes aux colonies attestent que je l'ai suivie.

Même pour ce dîner, ce dîner dont on m'a fait un *si grand crime*, j'ai consulté la loi ; l'ordonnance du 24 février dernier (1) en main, j'ai dû penser que si l'on violait, à cette occasion, mon domicile ou celui de M. le secrétaire-archiviste, les torts seraient du côté de ceux qui se livreraient à un pareil excès et du côté de l'autorité qui ne les réprimerait pas.

---

(1) Cette ordonnance royale, contresignée d'Argout lève les prohibitions qui subsistaient encore contre les hommes de couleur. On y lit :

Considérant qu'il est nécessaire de rétablir au plutôt les personnes de couleur libres dans la jouissance entière de leurs droits civils, etc., etc,

J'ai trop haute opinion de votre caractère, monsieur le Ministre, pour penser que vous ayez eu l'intention de suspendre l'exécution, ainsi qu'on vous l'avait perfidement conseillé, d'un acte émané de la volonté royale; et le sens commun se refuse à admettre que le ministre, qui aurait prescrit officiellement la promulgation de l'ordonnance qui établit aux colonies l'égalité devant la loi, aurait sous le même seing autorisé l'interdiction des magistrats qui l'exécuteraient dans ses conséquences les moins importantes et les plus naturelles; de même, et avec autant de raison, il serait injuste de supposer que la loi qui prohibe et qui nous ordonne de poursuivre la traite des noirs ait été l'objet d'instructions secrètes, qui enjoindraient aux commandans des stations et aux gouverneurs de tolérer cet odieux trafic.

Le respect que vous professez pour l'ordre légal, le soin que vous prenez de ménager l'indépendance de la magistrature, éloignent d'aussi fâcheux soupçons; mais s'ils étaient fondés, mille fois mieux vaudrait prendre place dans un comptoir que de siéger dans l'enceinte de la justice aux colonies. Non, il n'a jamais pu vous venir dans l'idée de faire descendre un magistrat au banc d'un employé qui n'a d'autre règle à suivre que le caprice ou le bon plaisir de celui auquel il vend ses services!

Mais d'où vient l'état de malaise et de désorganisation dans lequel se trouve aujourd'hui la magistrature coloniale ? La principale cause du mal gît selon moi, dans les dispositions hostiles où les cours royales, composées en grande partie, de colons, se tiennent à l'égard des tribunaux de première instance, dont les emplois son principalement dévolus aux métropolitains; de cé système naissent des controverses, des luttes au sein même de la justice, qui devrait être une et indivisible. Le conseiller condamne ce que le premier juge approuve, tantôt par suite d'une combinaison de parti, tantôt par haine ou jalousie, de là ces instructions dirigées contre les juges instructeurs eux-mêmes, ces dénonciations portées par des magistrats contre des magistrats; de là, monsieur le Ministre, ces absolutions données à des coupables et ces acquittemens scandaleux en faveur de ceux qui ont menacé notre honneur et même notre existence.

Combien, nous que les persécutions viennent d'atteindre, ne devons-nous pas regretter de rencontrer si peu d'harmonie, si peu d'union, dans le corps auquel nous appartenons! Nos votes, dans la Chambre du conseil, resteraient secrets, nos opinions ne seraient pas travesties ; les mandats de justice seraient exécutés; les chambres d'accusation ne prononceraient point des *non-lieu* contrairement aux ordonnances du juge ; notre repos, nos jours seraient garantis! Alors aussi le glaive des lois atteindrait le crime, et le magistrat n'aurait point la douleur de voir échapper sous ses yeux, faute d'être obéi par la force publique, des êtres dangereux pour la société.

Sans doute, monsieur le Ministre, vous désirez connaître la vérité. Comment l'obtiendrez-vous si les magistrats qui, mieux que personne, peuvent vous la dire, ne s'entendent pas entre eux? si, par système, ils repoussent le bien; s'ils exagèrent le mal et n'en indiquent point les véritables causes? Dans l'affaire des incendies de Saint-Pierre, ne voyons-nous pas, d'une part, les hommes de couleur accusés d'avoir été les instigateurs de cette catastrophes, et, d'autre part, les blancs soupçonnés d'avoir mis à dessein la torche entre les mains des esclaves? Dans cette alternative, qui croirez-vous? quel rapport méritera votre confiance? Pour ceux qui étaient en février à la Martinique, l'option n'est point embarrassante; elle ne vous arrêtera même pas long-temps, quand vous voudrez considérer que notre intérêt, comme magistrats des colonies, est de les voir prospérer; et que, si le mensonge et la passion n'étaient point dans la bouche de nos adversaires, livrés à l'exercice de nos paisibles fonctions, nous n'entrerions pas dans une lice où l'on s'expose à des périls sans nombre. Par instinct, monsieur le Ministre, on ne risque point sa tranquillité ni son avenir pour combattre des chimères.

Admettrez-vous sans peine que je me sois

rendu au *diner offert à des hommes de couleur par un fonctionnaire*, pour marcher à l'anéantissement des préjugés? Admettrez-vous que j'aie, ce jour-là, imposé silence à ma douleur, pour me donner le plaisir d'aller plus tard me défendre devant le conseil privé de la colonie. Une tâche plus difficile, plus digne d'un magistrat, m'était réservée. Des menaces de mort s'étaient fait entendre contre les personnes invitées, le gouverneur était absent, l'autorité hésitait: c'est à mon poste, là où devait être un homme de cœur, que je me suis rendu..... Pour être vrai, il fallait m'accuser d'avoir rempli un devoir devant lequel d'autres auraient reculé, et non pas *d'avoir diné avec des hommes de couleur.*

Mais l'esprit de parti connait-il la bonne foi?... Je m'arrête, monsieur le Ministre, aujourd'hui qu'une grande réparation est accomplie, la récrimination serait, de ma part, un manque de générosité. Vous avez proclamé hier à la tribune nationale les principes qui assurent à jamais l'émancipation des hommes de couleur libres, vous ne tarderez pas à porter vos regards sur le sort des esclaves, et les améliorations que leur infortune réclame.

Pour nous, magistrats des Colonies, nos vœux seront comblés, si désormais le régne des lois et les bienfaits de la civilisation peuvent enfin, et grâce à vos généreux efforts, faire refleurir des

contrées que les pleurs et le sang des malheureux
ont rendues depuis long-temps stériles.

Je suis avec respect,

Monsieur le Ministre,

Votre très-humble et très-obéissant
serviteur.

Le Juge d'instruction,
HERMÉ DUQUESNE.

IMPRIMERIE D'EVERAT,
rue du Cadran , n° 16.